Vibrations maçonniques

Vibrations maçonniques

Lina Chelli

Prudent Pigeon Publishing

Prudent Pigeon Publishing

Marseille

France

ISBN: 978-2-9544542-2-1

2 4 6 8 10 9 7 5 3

Couverture: P.P.P.

A mes frères H:. et E:.

Il est midi

Il est midi, c'est l'heure où tous les ouvriers,
Délaissant leurs métaux, empoignant leurs outils,
Vêtus de leurs gants blancs et de leur tablier,
Entament leurs travaux en loge d'apprenti.

Dans un endroit couvert, du haut de leurs trois ans,
Chacun sur sa colonne, et face à l'orient,
Fait le signe de l'ordre et se fait reconnaître
Par les deux surveillants du vénérable maître.

Ils ne savent encor ni lire ni écrire,
Seulement épeler, mais ces tailleurs de pierre
Ont en commun un but, auquel chacun aspire :
Trouver la vérité et chercher la lumière.

Impressions d'élévation

Une tête de mort me nargue fixement
Je suis seule et assise en plein isolement
Un morceau de pain sec sur la table est posé
Dans ce cabinet noir où je dois méditer

La bougie qui m'éclaire est ma seule lumière
Le mercure et le soufre et le sel qui m'entourent
Esquissent le schéma de ma vie toute entière
Toutes ces inscriptions qu'il faut que je parcoure
Parlent à mon esprit le langage du cœur
Je suis et j'ai été et bientôt je vais être
Amenée dans le temple où mes frères et sœurs
Exalteront mes pas sur le chemin des maîtres

On me prend, me saisit, et c'est à reculons
Que je franchis le seuil de l'enceinte sacrée
Mon tablier est blanc et mes mains non souillées
Du crime qu'ont commis les mauvais compagnons
Mais j'accuse les coups par trois fois sur mon corps
Et de ce noir linceul qui étouffe mon âme
Je sors purifiée du royaume des morts
Prête à bâtir le temple inachevé d'Hiram.

Je ne suis qu'un passant

Je ne suis qu'un passant
Je ne suis qu'un cherchant
Pour poursuivre ma route et mon chemin sur terre,
J'ai pris un fil à plomb, un niveau, une équerre,
Un maillet, un ciseau, une règle, un compas,
Et vers la vérité j'ai dirigé mes pas,
J'ai cru que je pourrai atteindre la lumière
Et que, par mon esprit, je vaincrai la matière,
J'ai cru qu'en pénétrant la chambre du milieu,
J'y trouverais enfin réponse à mes questions
Mais c'est le dos tourné que j'ai franchi ce lieu
Et ma marche en avant s'est faite à reculons
J'ai donc compris alors que ce que je cherchais
Etait peut-être en moi profondément caché.

Je ne veux que chercher

Je ne veux que chercher
Je ne veux qu'avancer
Et même si ma route est sombre ou ombragée
Elle m'a pour toujours profondément changée
Et de ma renaissance elle sera mon choix
Car en me retournant j'ai poursuivi ma voie.
J'ai vu dans son cercueil le corps de notre maître
Il m'a été permis d'avoir été et d'être
Celle que j'ai sans cesse été sans le savoir
L'étoile qui me guide est symbole d'espoir
De vie universelle en sa forme mouvante
Je ne veux que la suivre en sa courbe ascendante
Pour pouvoir de mon corps extirper la matière
Afin que mon esprit dans sa forme première
Gravisse le chemin du Temple de lumière
Et puisse y déposer très humblement sa pierre.

L'acacia

Le rameau de la vie, le rameau de l'espoir

Annonciateur de l'arbre et gage d'espérance,
C'est celui qui se trouve au fond de notre errance,
Au milieu de notre âme et de notre vouloir,
C'est lui qui construisit l'Arche de l'Alliance,
Il prit source en la mort, en elle il déploya
Au milieu du cercueil, ses branches d'Acacia.

L'apprenti

La pierre inachevée, celle qu'il faut dégrossir

Avec un fil à plomb, un maillet, un ciseau,
Pour celui qui voudra, privé de tous métaux,
Pour celui qui saura qu'il faut pour réussir
Redescendre en lui-même afin de rectifier
Encore et toujours plus cette pierre grossière,
Ne pourra progresser dans ce vaste chantier
Tant qu'il n'aura compris que dans cette carrière
Il est en même temps la pierre et l'ouvrier.

L'égrégore

L'énergie positive et l'influx bénéfique

Exaltés par l'esprit, c'est l'alliance alchimique
Générée par l'aura, c'est le moment unique,
Raccordant de chaque âme un lien qui les unit,
Elément essentiel, qui parfait l'harmonie
Garante d'un amour, sérénité suprême,
Où chaque individu va se fondre à lui-même,
Rejoindre dans l'espace, ou, bien plus loin encore,
Entièrement tous ceux qui créent cet Egrégore.

L'équerre

L'effort et la rigueur, dans la stabilité,

En empruntant la voie d'une autre vérité,
Qui ordonne le beau, stabilise la pierre,
Unifie du niveau sa perpendiculaire,
Equilibre du Moi, vers Soi et son contraire,
Rectifie de l'action son entité première,
Régule de droiture un angle de lumière
En modelant son âme à celle de l'équerre.

L'hospitalier

L'officier qui collecte en loge les oboles,

Humble contribution de tout son atelier,
Oeuvre par sa fonction, tout emprunt de symboles,
Surtout à maintenir et à solidifier,
Par cet acte d'amour le noeud universel
Imbriquant les maçons ensemble solidaires
Tous étant réunis par le lien fraternel
Associant par ce geste altruiste et nécessaire
La discrétion, le tact et l'efficacité.
Il est celui qui doit secourir et aider,
En employant au mieux les sommes récoltées,
Recevoir pour donner, il est l'hospitalier.

L'initiation

La volonté de naître, ou renaître à soi-même,

Implique bien souvent un changement extrême,
Nécessaire pourtant à la transmutation
Intérieure de l'être, et qui, par son action,
Transforme l'impétrant qui en a fait le choix.
Il commence un chemin, une nouvelle voie,
Avec un regard neuf, une autre perception,
Tout en taillant sa pierre, il va se rectifier,
Il va trouver sa place, il va se purifier,
Orienter son esprit vers l'Unité première,
Noyau de son essence et gage de Lumière.

L'orateur

Le gardien de la loi et de la tradition

Officier de la loge en siège à l'Orient
Rigoureux défenseur de la Constitution
A dans ses conclusions force d'achèvement
Tout comme le soleil dispense sa lumière
En éclairant l'esprit il inscrit dans le cœur
Une parole juste et sage et régulière
Reflet de l'Art Royal dont il est l'Orateur.

La chaîne d'union

Le lien indestructible unissant les maçons
Au-delà de la vie, au-delà de la mort,

Celui qui réunit chacun de ses maillons
Hors du temps, de l'espace et bien plus loin encor,
Accentue l'énergie, le courant magnétique,
Insufflant peu à peu les ondes bénéfiques
Nouées à tout jamais par cette communion
Entre tous les esprits qui sont à l'unisson.

De ce souffle commun s'est allumé un jour

Un très ancien secret qui engendra l'amour.
N'oublions donc jamais que sa flamme est unique,
Il n'en existe qu'un dans sa forme alchimique,
Oeuvrons dès à présent tous à sa transmission,
Nos mains jointes ensemble en la chaîne d'union.

La bougie

Le feu qui me dévore est celui de mon âme,
A chaque vibration, il fortifie ma flamme.

Brûlant de mon esprit ma conscience en repos,
Où je cherche ma voie dans cet espace clos,
Une vie se consume en ma mèche rebelle.
Genèse de l'espoir, la force ascensionnelle,
Illuminée d'amour et de pure énergie,
En éclairant le monde, éclaire la bougie.

La génération

L'essence et la substance en se réunifiant
Assure de la vie son renouvellement

Générer d'une chaîne encor plus de maillons
Et permettre à chacun de creuser son sillon
Ne jamais relâcher sa quête initiatique
En recréant du verbe une forme alchimique,
Reproduire, engendrer, mais non à l'identique,
Autre chose de soi et le pérenniser,
Tel est d'un initié la parfaite ambition.
Il lui faudra bien sûr pour la réaliser
Oeuvrer toute sa vie à cette transmission
N'être que le reflet de sa Génération.

La géométrie

L'approfondissement de nos mathématiques,
Art de la construction et science initiatique,

Génère de l'esprit la concrétisation
Et l'objectivité des investigations.
Oeuvrant à mesurer la substance première,
Matrice primordiale à partir de laquelle
Emergea l'âme humaine, et par elle et en elle,
Tout être fut conçu, cet être de matière
Retournera un jour à sa mère la terre.
Il connaîtra son moi et de sa symétrie,
En cherchera l'accès par la Géométrie.

La gnose

La volonté de voir, de comprendre et d'agir,
Amène le cherchant à pouvoir s'accomplir.

Grain de sable perdu dans son immensité,
N'aspirant qu'à connaître une autre vérité
Où, il se rejoindra. Par sa métamorphose,
Son esprit libéré percevra chaque chose,
Et son âme entrera, en elle, par la Gnose.

La gravitation

La force d'attraction qui régit la matière
Agit comme un aimant qui relie tous les frères.

Générant l'équilibre et l'unification,
Réunissant entre eux chacun de ses maillons,
A sa fonction vitale, associant son action,
Véhiculant la vie, tout en la libérant,
Il existe une loi dans notre espace-temps,
Tendant à maintenir un parfait équilibre,
A séparer entre eux les corps en mouvement,
Tout en les attirant, ou, d'une chute libre,
Intensifier leur masse en les restructurant.
Oeuvrant dans l'univers, cette force en action
Ne peux que s'élever par la Gravitation.

La laïcité

La liberté de croire ou bien de ne pas croire,
Avec celle de vivre ensemble notre histoire

La séparation de l'Eglise et l'Etat
Avec, pour mêmes droits, bien sûr, mêmes devoirs,
Il faut, pour obtenir enfin ce résultat,
Combattre tous ensemble afin de promouvoir,
Inscrire en lettres d'or le mot Egalité,
Tresser les lacs d'amour de la diversité
Et les consolider par la Fraternité.

La laïcité II

L'état, se séparant enfin des religions,
Accordant à chacun d'avoir ses convictions,

L'état, reconnaissant enfin la liberté
A tout individu dans notre société,
Interdisant de droit la discrimination,
Condition absolue de sa Constitution,
Impliquant de ce fait enfin l'égalité,
Tout en garantissant sa vraie neutralité,
Erige un sens réel au mot Laïcité.

La lumière

La puissance vaincue des ténèbres recèle,
Au- delà du chemin que son éclat révèle,

La force inattendue qui vient illuminer
Un tout autre regard qui va tout transformer.
Mais, si pour éclairer l'âme qui l'entrevoit,
Il faut la désirer avec toute sa foi,
En venant la chercher, au-delà des frontières
Révolues du néant, il faut que la matière
Exprime le reflet qui renvoie sa lumière.

La lune

La Lumière reçue de midi à minuit
Amorce du soleil ce rayon qui conduit

Le reflet indirect en sa forme croissante
Unifiant de l'Esprit une courbe ascendante
Nourrie par l'apparence et la force opportune
Exprimées pleinement au monde par la Lune.

La pierre brute

L'essence du noyau dans son degré extrême,
A laquelle un maçon s'identifie lui-même,

Permet à l'apprenti de changer son aspect.
Il peut n'être pour lui, rien d'autre qu'un objet,
Et pourtant, c'est sur lui qu'il devra travailler,
Rectifier sans cesse, et sans cesse tailler,
Remettre sans arrêt en question son ouvrage,
Et du ciseau passif, activer son maillet.

Bien sûr que sa démarche, à force de courage,
Rejettera aussi du bon dans ses déchets.
Une forme nouvelle, alors, apparaîtra,
Toute entière exprimée par ce qu'il deviendra
En étant ce qu'il est, a été, et sera.

La règle

L'indispensable objet de contrôle et rigueur,
Analogique outil et rectificateur,

Rythme harmonieusement de la persévérance
Et de la précision la parfaite constance.
Graduant de droiture une juste exigence,
L'œil de l'esprit sera comme celui de l'aigle
En qui de son envol s'est exprimée la Règle.

La truelle

Le lien qui scelle entre eux les pierres du chantier,
Affine l'édifice, unit les ouvriers,

Trace parfaitement le ciment essentiel
Reliant les maçons au temple immatériel,
Unifie par l'alliance et la fraternité
Ensemble les maillons, dont la diversité
L'étaye de sagesse avec force et beauté,
Le lien qui concrétise une chaîne éternelle
Est celui de l'amour lissé par la truelle.

La voûte étoilée

La conscience se perd devant l'immensité
A laquelle toute âme est un jour confrontée,

Vision d'un idéal, qui de la terre au ciel,
Ouvre sur l'univers un Temple immatériel,
Un espace infini, sans borne et sans rivage,
Toit naturel du monde où règne la Lumière
Emanant de l'esprit, et qui, à son image,

Eclaire du cosmos son unité première.
Tel un grain de poussière au milieu du néant,
Ou une goutte d'eau perdue dans l'océan
Infini de sa vie, une âme enfin comprend
L'éternité du temps et l'Eternel présent
Engendrant de sa chair un Esprit révélé
En le reconnaissant dans la voûte étoilée.

Le bandeau

Les yeux que l'on a clos ont un autre regard
Et la vision qu'il donne est un autre départ.

Bannir de son esprit toutes les distractions
Affûte celui-ci d'une autre perception.
Ne rien voir devant soi, c'est mieux voir en arrière.
D'une flamme intérieure éclairer sa vision
Et de l'obscurité relever le rideau
Accentue l'émotion qui donne à la lumière
Une autre dimension quand tombe le Bandeau.

Le ciseau

La détermination par le discernement
Est l'outil essentiel qui doit son fondement,

Comme toute vertu, à la quête absolue
Initiale d'atteindre et d'accomplir un but.
Sous l'action résolue, une œuvre s'exorcise,
Et transforme une pierre informe et imprécise,
Avec toute son âme, elle ordonne le beau,
Un maillet dans la main et dans l'autre un ciseau.

Le compagnon

Les voyages pour toi ne font que commencer
Et ta route infinie ne fait que débuter

Compagnon cette Etoile est là pour te guider
Ouvre tout grand les yeux devant sa lettre G
Mais cherche aussi en toi sa signification
Prends tes nouveaux outils et polis bien ta pierre
Avec l'épi de blé poursuit ta progression
Glorifie ton travail jusqu'à sa perfection
N'oublie pas qu'il te faut encor persévérer
Orienter ton chemin toujours vers la Lumière
Ne poursuivre tes pas que vers la Vérité.

Le compas

La pensée créatrice, enclin de Vérité,
Elève de l'esprit, un cercle illimité.

C'est vers cet idéal que le cherchant pourra
Ouvrir à l'infini l'espace de ses bras,
Moduler de sa vie une force en action,
Parfaire son regard d'une autre perception,
Afin que son Génie puisse guider ses pas
Selon l'écartement des branches du Compas.

Le couvreur

La limite invisible et pourtant bien réelle
Entre le lieu profane et celui du sacré

C'est la ligne très fine et presque immatérielle,
Obstruant le passage à tous les imposteurs,
Une limite infime et pourtant bien ancrée
Véritable barrière, écran indestructible,
Repoussant de plein droit tous les usurpateurs,
Est celle protégée par un garde inflexible,
Un gardien vigilant, et qui, dans sa rigueur,
Répond d'un atelier dont il est le Couvreur.

Le delta lumineux

Delta rayonnant d'une infinie lumière,
Et qui de sa splendeur illumine la terre,
L'être cosmique a concentré en toi
Tout le savoir du monde éclairant l'univers
Avec notre raison, notre âme et notre foi.

La Franc-Maçonnerie t'a choisi pour emblème,
Une énergie divine, au plus fort de nous même,
Matérialise l'Esprit, omniprésent sur terre,
Invisible au profane et empli de mystère,
Notre science est vaincue, stérile et déconnecte,
Et, cet Etre suprême apparaît à nos yeux :
Un inconnu du monde étrange Monsieur
X, de notre âme étant, le plus Grand Architecte.

Le fil à plomb

La ligne qui unit le ciel avec la terre
Est un axe invisible et perpendiculaire.

Fil, dont la direction donne la verticale,
Il est, de la droiture et de l'introspection,
L'équilibre parfait. Colonne vertébrale,

A qui tout s'articule et entre en connexion,

Pour permettre à l'esprit, vidé de son trop plein,
La rectification, pour le mettre d'aplomb,
Ouvrir de son parcours, un tout autre chemin,
Matrice de la voie et de la construction.
Bâtir son propre temple avec un fil à plomb !

Le génie

L'expérience et la science, alliées à la vertu,
Emblème d'une Etoile au pouvoir absolu,

Génèrent d'un Esprit une force inconnue
En ouvrant d'un chemin une toute autre issue.
Nourri par cette force occulte et infinie,
Imprégné par le feu sacré de l'harmonie
Emerge quelquefois un être de Génie.

Le grand expert

L'officier qui contrôle au début des tenues,
Et qui tuile chacun des membres inconnus,

Garantit à sa loge ordre et sécurité.
Responsable averti, de par sa qualité,
A chaque initiation, il guide l'impétrant,
N'agissant que sur ordre et sur les injonctions
Du vénérable maître, il est l'exécutant.

En conducteur passif, selon la tradition,
Xénophon aurait pu se reconnaître en lui,
Par sa délicatesse et par sa dignité
En silence il agit, se déplace et conduit,
Rappelant que le temple autrefois fut construit
Tracé avec l'outil de notre humanité.

Le levier

La volonté morale et la force en action
Engendrent bien souvent d'énormes précautions.

L'outil, bien que passif, doit être rectifié,
Et sa puissance accrue doit être contrôlée.
Vaincre un ultime obstacle afin de s'élever,
Identifier ses peurs, et puis, les surmonter
En poursuivant sa voie avec ténacité,
Renforce le pouvoir infini du levier.

Le maître

La parole perdue de notre maître Hiram
Est à jamais gravée tout au fond de ton âme

Mais si tu as quitté ton écorce charnelle
Alchimie du retour à la vie éternelle
Il te faut maintenant retrouver en toi-même
Ton être véritable et l'essence suprême
Réincarnée en toi pour conduire tes pas
Entre tes deux outils : l'équerre et le compas.

Le maître des cérémonies

La charge des outils dont il tient l'inventaire
Est une des fonctions dont il est légataire.

Mettre tous les décors, les objets nécessaires
A l'accomplissement parfait du rituel,
Installer, disposer la loge et préparer
Toute mesure utile à l'ordre matériel
Rigoureux des travaux dont il doit assurer,
Et veiller avec zèle, au bon déroulement,

Destiner avant tout, son accompagnement,
Et son rôle essentiel à l'accomplissement
Sacré de la tenue, dans ses moindres détails.

Chargé de diriger tout le cérémonial
Et de l'introduction des frères et des sœurs,
Recevoir et guider chacun des visiteurs
En montrant le chemin avec solennité,
Marcher avec sa canne et toujours devancer,
Ouvrir grand le passage et, avec dignité,
Nuancer de ses pas un rythme cadencé.
Il doit, dans sa fonction, tout empreint de Symbole,
Escorter les maçons, suivant le protocole,
Suivant la tradition dont il est précédé.

Le maillet

L'énergie contrôlée, la force créatrice,
Est par la volonté, puissance initiatrice.

Marque d'autorité, outil de création,
A chaque coup donné, son pouvoir en action
Influe sur la matière en la cristallisant.
La vie naît de la mort, et, son martellement,
Livre un cri de vertu, écho juste et parfait
Entendu par tous ceux, qui ont, par cet objet,
Transmis ou bien reçu l'essence du maillet.

Le mercure

L'Energie inconnue qui génère la vie
Equilibre constant, mystérieuse alchimie,

Matrice primordiale initiale de l'Etre,
Est celle dont la force en chaque âme pénètre,
Réunifiant son centre à l'unité première
Contractée du reflet qui renvoie sa Lumière,
Utilisant l'espace ambiant de la nature,
Rythmant l'évolution de l'humaine aventure,
En alliant le Sel et le Soufre au Mercure.

Le miroir

L'autre réalité, dont il renvoie l'image,
Est celle dont il faut déchiffrer le message,

Mais c'est celle surtout qui reflète l'essence
Initiale du Verbe au travers l'apparence.
Rechercher en soi-même un autre œil pour la voir,
Ou bien la reconnaître au-delà du paraître,
Identifier son moi, c'est y trouver peut-être
Rien d'autre que son âme en l'âme du miroir.

Le niveau

La balance parfaite et la subtile union
Entre le carrefour de deux points de jonction

N'est qu'un lieu de départ vers l'unité première.
Il est l'intersection de ce juste milieu
Véhiculant l'extrait de l'osmose intérieure,
Entre force et beauté, qui s'imbrique encor mieux
Au centre de la croix dont il est le noyau,
Unifié du principe activé du niveau.

Le nombre trois

Les lois de l'univers sont les forces vivantes
Engendrées par l'Esprit, les formes différentes

Nourries par l'expression multipliée du un.
Opposition féconde et complément commun,
Matrice d'harmonie générant l'unité,
Bâtie par la substance et l'essence activée,
Rassemblées du non être et de l'être unifié,
En se régénérant par sa dualité

Tout principe absolu, conciliant le binaire,
Retrouve l'équilibre adjacent du ternaire,
Ouvrant une autre voie, où le ciel et la terre
Inscriront dans l'humain et l'espace à la fois
Son début et sa fin avec le nombre trois.

Le pavé mosaïque

Les carreaux noirs et blancs du sol d'un atelier,
Ensemble réunis pour former un damier,

Plancher qui concrétise une dualité
Apparente d'un monde, où enfin l'unité
Va peu à peu s'étendre et se manifester
Entre le virtuel et la réalité,

Mêlent dans cette union le ciment invisible,
Où le bien et le mal traceront leur chemin.
Si le jour et la nuit, féminin, masculin,
Au-delà du réel y sont indivisibles,
Ils ont de cette essence extrait une matière
Qui tissera le lien d'un chemin de lumière,
Unifiera les cœurs d'une alliance hermétique,
Ecrin juste et parfait d'un pavé mosaïque.

Le premier surveillant

Le soleil émetteur actif de la lumière
Est un des attributs de sa fonction première.

Pour construire le temple il amène les pierres,
Roches inachevées qu'il lui faudra parfaire,
Et tous les matériaux qui seront nécessaires,
Matière élaborée, pouvant à son image
Intégrer l'édifice et compléter l'ouvrage.
En étant de la Force un des vivants symboles,
Réglementant de droit la prise de parole,

Sa charge d'instructeur des frères compagnons
Unifie et rallie ensemble les maçons,
Rôle qu'il effectue afin que les maillons
Viennent parfaitement s'insérer à leur place,
Et qu'harmonieusement ils y comblent l'espace
Intégrant le chantier de justice et de paix
Le but de tous maçons, de tous temps, de tous lieux,
Le temple universel, en n'oubliant jamais
Aucune des valeurs qui les relient entre eux
Ni celles générées par son éclairement
Telle est l'œuvre accomplie d'un premier surveillant.

Le sablier

Le temps, qui peu à peu s'étrangle avec mon corps
Entame de sa vie son chemin vers sa mort.

Si le ciel et la terre, en lutte se confondent,
A chaque mouvement, tous les deux se répondent.
Bravant la porte étroite et le cycle épuisé
Les grains de sable blanc doivent se relever,
Ils doivent avant tout vaincre la gravité,
Et se rejoindre ensemble, afin de s'unifier,
Renaître à la Lumière, en haut du sablier.

Le second surveillant

La tâche dévolue au second surveillant
Est celle de l'éveil et du discernement

Son rôle pour la loge est des plus importants
Et c'est un élément moteur de l'avenir
Car tous les apprentis dont il est responsable
Ont par son instruction l'espoir de devenir
Non seulement maçons, mais en finalité,
Des maîtres reconnus, parfaits et véritables.

Sous son enseignement et son autorité,
Un initié s'éveille et trace son chemin,
Redescend en lui-même et se retrouve enfin,
Vitriol est son mot, sa formule hermétique,
En silence il rejoint grâce à son fil à plomb,
Indispensable objet, bijou initiatique,
Le centre de son être et de son moi profond,
Le noyau de son âme où il pourra un jour
Accomplir sur lui-même un intime retour.
N'extraire que le fruit du grain qu'il a planté,
Tel est de son salaire un gage de Beauté.

Le secrétaire

L'officier attentif, fidèle scrutateur,
En siège à l'Orient, qui, face à l'orateur,

Suit scrupuleusement toutes les discussions
En dressant le schéma de la planche tracée,
Conformément au rite et à la tradition,
Résumant l'essentiel des idées énoncées,
Est celui dont la charge est administrative.
Tous les comptes-rendus, toutes les directives
Approuvés ou votés, sont, par son écriture,
Inscrits pour devenir planche d'architecture,
Reflet juste et parfait des loges la mémoire,
Et c'est sur ce morceau qu'il grave son histoire.

Le sel

L'équilibre alchimique entre Soufre et Mercure
Est une création sacrée de la nature,

Sa force cristalline est son rôle essentiel
Elle engendre la vie, et tout être mortel
L'intègre en transmettant la Sagesse du Sel.

Le serment

Le lien qui consolide ensemble les maçons
Est un lien invisible, est un pacte d'union,

Symbolisé surtout par cet acte d'amour
Essentiel et sacré, le premier d'un parcours
Recherché par celui qui engage sa foi.
Mais cette obligation, consentie librement
Entre celui qui prête et celui qui reçoit,
N'est que le premier pas et n'ouvre qu'une voie
Tracée devant celui qui tiendra ce serment.

Le signe de l'ordre

La main droite étendue à la gauche du cou,
En dessous du menton, en position debout,

Ses quatre doigts unis, et du pouce éloignés,
Indiquant de l'équerre un mouvement parfait,
Geste qu'on accomplit en écartant les pieds,
Non sans avoir laissé pendre sur le coté
En repos l'autre bras, sur le corps appliqué,

Donne à chaque serment une autre identité,
Et son exécution est sa continuité,

L'éveil de la conscience en est favorisé,
Ouvrant le long chemin qui mène à l'unité,
Régulant de l'écoute et la méditation
D'un geste convenu la juste perfection,
Reliant du cosmos, le corps, l'âme et l'esprit
En le signe de l'ordre au grade d'apprenti.

Le silence

Les mots que l'on retient à l'intérieur de soi
Expriment beaucoup plus que ceux que l'on reçoit

S'il existe savoir qu'on nomme vérité
Il doit s'épanouir dans la sérénité.
L'écoute est avant tout le premier escalier,
Et la méditation érige son palier.
Ne parler qu'à son âme, éveiller sa conscience,
C'est ouvrir son esprit à la magique alliance
Entre la voie du cœur et celle du silence.

Le soleil

Le moment où je suis le plus haut dans le ciel
Est le commencement des travaux maçonniques.

Symbole de ce cœur vivant et éternel,
Ouvrant sur l'univers ses rayons bénéfiques,
Le Génie immédiat de ma source intuitive
Engendre mon action active et positive.
Influençant l'Esprit, favorisant l'éveil,
La Lumière reçue éclaire le Soleil.

Le soufre

Le triangle debout de l'être qui s'éveille,
Elève de l'Esprit la force immatérielle

Stimulée par celui dont l'Energie cosmique,
Ouvre sur l'univers l'équilibre alchimique
Unifiant le ternaire au principe hermétique,
Favorisant la voie où l'impétrant s'engouffre,
Rendant à son Génie sa forme anatomique
Exprimée par le Sel, le Mercure et le Soufre.

Le symbole

Langage universel, outil initiatique,
Eveil de la conscience, expression didactique,

S'il est vrai que parfois un cherchant aurait dû
Y découvrir un sens, autre et inattendu,
Malgré tous ses efforts pour vaincre l'apparence,
Bannir les préjugés par la mystique alliance
Offerte à son esprit, la parfaite parole
L'éclairera toujours en voilant de la science
Encor bien plus le sens révélé du symbole.

Le tableau de loge

Le monde est là, l'Univers est présent,
Et c'est à cet endroit qu'un regard bienveillant

Trace à même le sol une image sacrée
A laquelle se fond une autre transcendée.
Bâtissant dans l'espace un rectangle parfait
L'ouvrage inachevé du temple est récréé.
Essence de l'Esprit intégrant la matière,
Axe de l'Univers irradié de Lumière,
Un tout, qui est en un le centre du mystère,

Dépassant du réel son Alchimie première
En reliant entre eux tous les humains sur terre,

L'origine et la forme ainsi manifestées
Ouvrent cette autre voie qu'un coeur qui s'interroge
Gravit dans la Sagesse avec Force et Beauté
En unifiant son âme au Tableau de la Loge.

Le tablier

Le signe distinctif de son engagement
Est pour le néophyte un habit en cuir blanc.

Tout maçon doit en être en loge revêtu,
A ce symbole fort, pureté et vertu,
Blancheur immaculée, sont ensemble associées.
Le cycle du travail est alors commencé :
Il doit tailler sa pierre en ce vaste chantier,
Et, pour de ses éclats pouvoir se protéger,
Recouvrer de son corps l'esprit du tablier.

Le trésorier

La gestion d'une loge est sa fonction première,
Et de tous ses métaux, c'est le dépositaire.

Tâche souvent ingrate et pourtant nécessaire,
Responsable de droit des rentrées pécuniaires
Et garant des valeurs de tout son atelier,
S'assurant du paiement constant et régulier
Octroyé par ses soins au trésor principal
Régit par l'obédience où il est affilié,
Il est pour une loge un élément vital
Et s'il sait l'affranchir de sa vie matérielle,
Rien ne pourra gêner sa survie temporelle.

Le vénérable maître

La fonction de sagesse et celle d'équité
Est dévolue en loge au vénérable maître.

Vaisseau intemporel de la fraternité
Et garant des valeurs qu'il se doit de transmettre,
Noyau de l'égrégore et lien qui réunit
Ensemble les maillons du temple immatériel
Ruisseau d'humilité, écrin de l'harmonie,
Apôtre de lumière, étoile universelle,
Bâtisseur éclairé de la flamme éternelle,
Le vénérable maître en chaire à l'orient
Est celui qui dirige et guide en même temps

Maîtres et compagnons, apprentis, visiteurs,
Alliant à la fois fermeté et douceur,
Il doit dans sa fonction et son comportement
Toujours être un modèle, un guide, un exemple,
Respecté, apprécié par son rayonnement,
Et de cette fonction illuminer le Temple.

Le Yin et le Yang

La vie rejoint la mort, elles sont imbriquées,
Et c'est un absolu qu'on ne peut expliquer.

Y-a-t'il une loi, une autre conception,
Insufflant à l'esprit l'autre compréhension
Niant la différence en la représentant ?

En insérant le noir dans la partie du blanc,
Tout en l'emprisonnant dans celle qui est claire,

Les opposés ne sont plus qu'un simple élément,
Et chaque chose enferme en elle son contraire.

Y voir la vie réelle exprimer le binaire,
Avoir la sensation d'approcher le Big Bang
N'est peut-être qu'un rêve, où le ciel et la terre
Génèreront l'humain dans le Yin et le Yang.

Liberté, Egalité, Fraternité

La véritable voie que cherche l'homme libre
Inscrit dans sa mémoire une ligne infinie
Bâtissant le tracé d'un fragile équilibre
Entre son idéal et son hégémonie
Rien ne peut l'arrêter dans sa course effrénée
Tout son cheminement et sa quête acharnée
Exalte de son âme un goût de Liberté.

Ecartant de ses pas la haine et la colère
Gardien des vraies valeurs de sa diversité
Au plus profond de lui se grave en lettres d'or
L'amour de son prochain son semblable son frère
Il luttera toujours il luttera encor
Tant qu'il ne pourra pas malgré tous ses efforts
Etancher de sa chair sa soif d'Egalité.

Fidèle défenseur de la laïcité
Rien ne l'empêchera de poursuivre sa route
Avec acharnement et quoi qu'il lui en coûte
Toujours il combattra la folie meurtrière
Et l'instinct destructeur de sa dualité
Ravivant le flambeau de justice et de paix
N'ayant pour objectif que la seule lumière
Irradiant son esprit il pourra à jamais
Toujours dans la Sagesse avec Force et Beauté
Ecrire avec son sang le mot Fraternité.

Sagesse, force et beauté

Si je devais revivre un peu de mon passé
Afin de mieux comprendre un jour ma destinée
Grande serait la voie qui pourrait me guider
Et paisible le sol de mon chemin tracé
Si ma route accomplie je trouve enfin la paix
Si je puis de mes pas ne plus m'en écarter
Et si de mon trajet je poursuis la percée

Finalement peut-être alors je comprendrais
Où est le devenir de notre humanité
Rien ne m'arrêtera dans ma quête d'espoir
Car la chaîne d'union où je suis reliée
Elargit ma vision et me permet de croire

Encore à cette Etoile au firmament duquel
Trônent à l'Orient la lune et le soleil

Bien que jamais finie mon œuvre commencée
Eveillera en moi l'autre que je cherchais
Au plus profond du Temple un Esprit règne en maître
Un œil en qui chacun pourrait se reconnaître
Tout n'est qu'ici symbole et tout est exprimé
En ces mots de Sagesse et de Force et Beauté.

Schibboleth

S'il faut que dans la terre un grain de blé semé
Creuse toujours plus loin afin de mieux germer,
Homme ! tout comme lui il faut te libérer,
Il te faut, pour renaître et te régénérer,
Bonifier ton regard d'une autre vérité,
Briguer de ton combat un peu d'éternité,
Où ta résurrection va te multiplier,
La graine silencieuse est prête à s'extirper,
Et va vers la lumière en engendrant tes fils,
Ton mystère est l'ancien mystère d'Eleusis,
Héritier d'une vie, que ta mort a créée.

Vitriol

Va, retourne à la terre et creuse bien profond,
Il faut chercher en toi le noyau insécable,
Ton essence première et l'Etre véritable,
Reliant de ton corps l'Esprit qui se confond,
Il faut en rectifiant commencer ton envol,
Obtenir de ton moi la pierre inestimable,
La pierre cachée du sage, écrite en V.I.T.R.I.O.L.

La légende d'Hiram

Quand le roi Salomon un jour voulut bâtir,
Elever dans la ville un temple à l'Eternel,
Il demanda son aide à Hiram, roi de Tyr
Qui envoya le bois et tout le matériel,
Et les pierres taillées, en terre d'Israël.
Mais jaloux du projet, et voulant s'investir
Encore bien davantage au temple glorieux,
De tous ses ouvriers, il prit le plus fameux,
Fils de la veuve d'Usl, venu de Nephtali,
Et le recommanda pour ériger l'ouvrage.
Cet homme si habile, à l'œuvre se rallie,
Et fut par Salomon, sage parmi les sages,
Nommé grand architecte, inspecteur général
De tous les ouvriers rompus à ce travail.
Ils étaient des milliers, de mérite inégal,
Mais pour Hiram-abif, ce n'était qu'un détail,
Qu'il résolut bien vite en donnant à chacun
Le grade d'apprenti, de compagnon, de maître,
Et afin de pouvoir aussi les reconnaître,
Et d'être sûr ainsi de n'en spolier aucun,
Il fit pour chaque classe un signe différent,
Un mot mystérieux et un attouchement.
Au bout de six journées d'un travail endurant,
Ils percevaient leur dû chacun séparément,

A l'extérieur du temple, apprentis, compagnons,
Chacun sur sa colonne et selon son mérite,
Etait rétribué conformément au rite,
Par les deux surveillants adjoints par Salomon,
Alors, qu'inversement, les maîtres quant à eux
Recevaient leur salaire en chambre du milieu.
Tous ces arrangements qui furent apportés
Eliminèrent la triche, évitèrent l'erreur
Il ne fut plus possible aux trois usurpateurs
D'avoir un revenu qu'ils n'eussent mérité.
Mais ces trois scélérats, jaloux et mécontents,
Ourdirent le dessein, infâme et monstrueux,
De surprendre le maître en chambre du milieu,
Et de lui demander, mot, signe, attouchement,
Du grade immérité qu'ils voulaient posséder.
En fin de la semaine, dès que furent partis,
Ouvriers compagnons, maîtres et apprentis,
Ils vinrent lâchement aux portes se poster,
Le premier à l'orient, le second au midi,
Et le troisième enfin, porte de l'occident.
Ils savaient que le maître avait pris pour usage
De vérifier tout seul l'avancée de l'ouvrage,
Et qu'ils pourraient ainsi lui tendre un guet-apens.
Quand ce grand homme enfin, finissant sa tournée,
En porte du midi voulut se retirer,
Sterkin était debout, devant, qui l'attendait.

Il demanda le mot, signe et attouchement,
Ce qu'Hiram refusa, mais, lui promit pourtant,
Qu'il le lui donnerait, quand serait terminé
L'instruction de son grade et que par son labeur,
Il pourra obtenir ce qu'il a mérité.
L'ignorant comprenant qu'il n'obtiendrait jamais
De la bouche du maître aucun des mots secrets
Se saisit d'un outil, et comble de l'horreur,
D'une règle frappa Hiram avec fureur,
Mais revenu à lui, le maître chancelant,
Parvint à regagner la porte d'occident,
Il y vit Obterfut, qui lui redemanda,
D'abord avec douceur, mot, signe, attouchement,
Mais d'un nouveau refus, l'ambitieux s'excéda,
Puis ivre de colère, il poussa son audace,
Jusqu'à vociférer les plus grandes menaces,
Qui restèrent bien sûr de nouveau sans effet,
Alors, pour accomplir son infâme forfait,
Il saisit un levier et frappa lâchement
Celui qui refusait de trahir son serment.
Mais bien que moribond et bien que vacillant,
Par un immense effort, énorme et surhumain
Le maître rejoignit la porte de l'orient.
Il y trouva Hoben, le troisième assassin,
Qui lui redemanda, mot, signe, attouchement,
Tout en le menaçant de le faire périr

Si sa demande enfin ne pouvait aboutir.
Hiram lui expliqua qu'il les lui donnerait
Quand, grâce à son travail, il l'aura mérité,
Et qu'alors ce serait vraiment très volontiers
Qu'il l'instruirait lui-même au grade convoité.
Mais pour ce fanatique, inapte à réfléchir,
Cette réponse là, ne pouvait l'assouvir.
Il saisit un maillet, et d'un coup sur la tête,
Il terrassa celui qui préféra mourir
Plutôt que de trahir la parole secrète.
Leur forfait accompli, les trois vils scélérats,
Attendirent la nuit pour transporter le corps,
Et sur le mont Hébron, tout prés d'un acacia,
Ils trouvèrent un lieu pour enterrer le mort.
Mais, au bout de sept jours d'absence injustifiée,
Salomon envoya neuf maîtres le chercher,
Il cessa les travaux, suspendit les paiements
Tant que le maître Hiram ne serait retrouvé.
Après avoir cherché partout, parfaitement
Et dans tous les recoins du temple déserté
Les neufs maîtres par trois, chacun de leur côté,
Partirent rechercher le maître disparu.
Quand le neuvième jour, harassé et fourbu,
Enfin au mont Hébron, l'un d'eux se reposa,
Il sentit que le sol s'éboulait sous ses pas,
Qu'il était remué, et qu'il se pourrait bien,

Que du maître enterré, il en soit le gardien.
Sans aller plus avant, les maîtres vagabonds
Résolurent d'instruire avant tout Salomon,
Mais afin de pouvoir reconnaître le lieu
Un rameau d'acacia fut planté au milieu.
Salomon décida, que si l'on retrouvait
Le corps du maître Hiram, le nouveau mot secret,
Serait dorénavant le premier prononcé.
Il les incita donc à retourner là-bas
Et à creuser la terre à l'endroit indiqué.
D'une vision d'horreur, le sol se déroba
Et laissa apparaître un corps enseveli.
Par le mot de Boaz, le premier doigt saisi,
Par celui de Jakin, le deuxième entrepris,
Ils ne purent sortir le maître de la terre.
Mais un autre homme enfin le prit par le poignet,
Et sentant que la chair, des os se séparait,
Par le mot Mohabon mit fin à son calvaire.
Ce mot dorénavant, sera celui des maîtres,
Qui pourront grâce à lui entre eux se reconnaître,
Et sur leur tablier, M.B. sera gravé.
Les gants qu'ils porteront seront blancs pour prouver
Qu'ils n'ont jamais été mêlés au crime infâme,
Pour qu'ils puissent un jour imprégner dans leur âme
La Sagesse, la Force et la Beauté d'Hiram.

Hiram, la suite

Après la mort d'Hiram, n'ayant pu découvrir
Les trois traîtres félons qui l'avaient fait mourir,
Salomon convoqua en chambre du milieu
Des maîtres reconnus pour parler avec eux,
Avoir leurs sentiments, leurs avis éclairés
Et trouver les moyens qu'il fallait employer
Afin de les punir et surtout de venger
L'essence de l'Esprit qu'ils ont assassiné.
Tandis qu'ils étaient tous en pleine discussion,
Ils furent dérangés dans leur conversation.
Un capitaine entra, et, à tous annonça
Qu'un étranger nommé Pérignan était là,
Et qu'il voulait parler seul à seul à son roi.
Salomon acquiesça, et c'est dans un endroit
Secret et retiré que l'homme l'informa
Qu'il avait rencontré du maître l'assassin,
Et que, près d'un buisson, alors qu'il travaillait
Au pied d'une caverne, il entendit son chien
Qui, en aboyant fort, avait dû réveiller
Un homme effarouché, hirsute et affamé.
Cet homme en se voyant découvert et perdu
Sa jeta à ses pieds, et lui a avoué
Le crime qu'il commit par le sang répandu
De l'architecte Hiram, par l'acte monstrueux,

La folie meurtrière, inique et destructrice
Qu'il avait accompli avec ses deux complices.
Puis, il le supplia, malgré son crime affreux,
De l'aider à survivre et apaiser la faim
Qui dévorait son ventre. Il lui baisa les mains,
 Pour éprouver son cœur, pour pouvoir l'attendrir,
Tout en lui demandant de ne pas le trahir,
Et de tous ces aveux en garder le secret.

- Qu'as-tu donc fait alors ? Demanda Salomon.
- Je l'ai nourri mon roi pendant neuf jours entiers.
Mais, c'est que j'ignorais l'édit qui ordonnait
De dénoncer ce traître et déclarer son nom.
C'est à Jérusalem, quand j'ai voulu chercher
Des vivres pour cet homme, et pour moi-même aussi,
Que j'ai su que le traître était bien celui-ci.
Je viens donc vous livrer l'endroit où il se cache.
- Instruis-moi tout d'abord sur le nom de ce lâche.
- Il prétend, ô ! mon roi s'appeler Abiram.
- Et connais-tu le nom des deux autres infâmes
Complices de ce noir et monstrueux trio ?
- Il m'a nommé Romvel et aussi Gravelot.
- Pourrais-tu Pérignan conduire à cet endroit
Ceux que j'aurai nommés pour partir avec toi ?
- J'en serais honoré, et très fier ô ! mon Roi.
- Bien, on va te trouver un lieu pour reposer

Et l'on va t'apporter de quoi te restaurer.
A demain Pérignan.

                    Salomon repartit
Rentra dans le conseil, et tous les avertit
Que l'heure de la vengeance avait enfin sonnée
Et qu'ils pourraient bientôt le traître capturer
Que dès demain matin Pérignan conduirait
Les neufs maîtres choisis qui seraient désignés.
Il mit leurs noms dans l'urne, et c'est les neuf premiers
Qui furent les élus pour quérir l'assassin.
Salomon exigea et recommanda bien
Surtout de l'amener sain et sauf dans le temple
Car il voulait en faire un terrifiant exemple
Car de ce crime affreux il doit être jugé,
Car tous, même un coupable, ont droit à un procès.
C'est au lever du jour, guidés par Pérignan,
Que les maîtres partirent ensemble rechercher
Le mauvais compagnon, infâme et répugnant
Complice et assassin du maître Adonhiram.
Et, arrivé non loin du lieu où Abiram,
Le monstre détestable était dissimulé,
A la pointe du jour, le lendemain matin,
Pérignan indiqua aux maîtres le chemin
Pour trouver la caverne où s'était réfugié
L'ignoble meurtrier qu'il devait arrêter.

Il leur dit qu'elle était du côté de la mer
Et qu'elle se situait à l'orient de Joppé.
Le premier arrivé à l'endroit fut Joubert,
Car avec Pérignan qui lui servait de guide,
De tous ses compagnons, il fut le plus rapide.
Et l'antre où reposait le monstre recherché
D'une faible lueur était toute éclairée,
Abiram y dormait, un poignard à ses pieds.
Il se croyait ici, bien en sécurité,
Car il avait pris soin, pour mieux se protéger,
D'apprivoiser un ours, un tigre et un lion.
Joubert pris son épée, et sans hésitation,
Sur-le-champ trucida chacune de ces bêtes.
Puis il entra dans l'antre et saisit le poignard
Qu'il découvrit aux pieds de l'ignoble fuyard,
Et lui porta céans trois grands coups sur la tête.
Nekar, fut d'Abiram le seul et dernier mot,
Qu'il eut le temps de dire. Il mourut aussitôt.
Joubert était brisé par l'œuvre surhumaine
Qu'il avait accomplie. Il vit une fontaine
Et s'y désaltéra. Harassé et fourbu,
D'un coup, il s'endormit. Quand les maîtres élus
Arrivèrent enfin, leur bruit le réveilla.
Ils crièrent Nekam, car le sang répandu,
Du cadavre tout chaud qui gisait encor là,
A été la vision qui les a convaincus

Que la vengeance enfin était bien accomplie.

Devant ses compagnons, Joubert s'enorgueillit
D'avoir vengé tout seul la mort d'Adonhiram.
Il narra son récit, puis saisi Abiram
Pour lui couper la tête et séparer son corps
En quatre affreux lambeaux qu'il fit brûler dehors.
Puis quand, de sa main droite exhibant un poignard,
Et de la gauche enfin, la tête ensanglantée,
Il dit : « Nekar! Nekam! » Sur lui tous les regards
Des maîtres envieux se sont alors tournés
Jaloux de n'avoir pu eux aussi se venger.
Puis, vers Jérusalem, ils prirent le chemin,
Et, dès le soir venu, y entrèrent enfin.
Le roi, apercevant une tête à la main
Joubert qui revenait de son expédition,
Fut furieux contre lui. Il s'estima spolié
D'une juste vengeance et de la punition
Qu'il voulait exemplaire à ce traître infliger.

- Je t'ordonne Stokin d'aller tuer Joubert !
- Mais pourquoi, ô ! mon roi, ne t'a-t-il pas servi ?
Le meurtrier d'Hiram grâce à lui est puni !
- Non, pas complètement, car il n'a pas souffert,
Je le voulais vivant, il m'a désobéi.
- Je t'implore ô ! mon roi d'ignorer ta colère,

A mes supplications se joignent tous mes frères
Joubert n'a pas voulu t'offenser ô ! mon roi
Par un excès de zèle, il a enfreint la loi
Mais son esprit est pur et son cœur vertueux.
- Puisqu'il en est ainsi, je serai généreux
J'honorerai Joubert, mais avant tout je veux
Que la tête du traître enfin serve d'exemple
Et qu'au bout d'une perche, elle soit exposée,
Placée sur un pinacle à l'orient du temple,
Et qu'elle y reste là, jusqu'à ce qu'on arrête
Les autres assassins. Je le dis, le décrète !

Il en fut fait ainsi. Le roi a honoré
Joubert de sa confiance et les huit autres maîtres
Qui ont contribué à se saisir du traître
Ont été avec lui ensemble décorés
Et promus de ce fait au titre glorieux
De maître élu des neuf.

Quand, au bout de six mois,
Salomon qui cherchait sans cesse les coupables
Avait presque perdu tout espoir raisonnable
De pouvoir découvrir précisément l'endroit
Où les deux compagnons s'étaient dissimulés,
L'un de ses intendants, voulut le rencontrer.

- Salomon ô ! mon roi, je viens te rapporter
Le lieu où tu pourras les traîtres capturer.
- Bengabel je t'écoute, où sont-ils retranchés ?
- Dans le pays de Geth, qui t'est mon souverain,
Tributaire et allié. C'est bien dans cet endroit
Que l'on a repéré les autres assassins
Romvel et Gravelot ensemble réfugiés.
- Bengabel c'est parfait, je suis content de toi !
Tu m'as bien secondé, et je vais de ce pas
Ecrire au roi de Geth, mon ami Maaca
Afin de le prier d'assister les neuf maîtres
Que j'aurai mandaté pour se saisir des traîtres.

Il en fut fait ainsi, et Salomon arma
Les neuf maîtres élus, les mêmes qui déjà,
Etaient partis chercher à l'orient de Joppé
L'assassin Abiram. Et, pour les escorter,
Il leur adjoint bientôt en nombre suffisant
Des hommes de son choix parmi les plus vaillants.
Ils se mirent en marche un neuf du mois de juin
Et c'est dix jours plus tard, que le dix neuf enfin
Ils arrivèrent tous dans le pays Geth.
Joubert, accompagné par les huit autres maîtres
De Salomon se fit le fidèle interprète
Tout en lui remettant en main propre la lettre.
Maaca, l'ayant lu, en frissonna d'horreur.

Il ordonna céans que l'on cherche au plus vite
Et plus exactement les ignobles tueurs
Afin de les livrer aux neufs israélites.

- Si ces deux assassins expirent leur forfait
Et que de mes états soient purgés ces deux traîtres
J'en serais très heureux, content, et satisfait.

Ainsi s'est exprimé le roi devant les maîtres
Qui partirent céans en quête d'Abiram.
C'est au bout de neuf jours, après bien des tracas,
Que Zeomet trouva avec Elehanam
La cachette et l'abri qui servait de tanière
Aux monstres recherchés. C'est dans cette carrière
Appelée Bendicav qu'ils purent se saisir
Enfin des deux fuyards. Ils leur mirent des chaînes,
Sur lesquelles étaient gravés les lourdes peines
Et les justes tourments qu'ils auraient à subir.
Après s'être rendu auprès de Maaca
Pour prendre sa réponse et pour le saluer,
Ainsi que Salomon les en avait priés,
Les neuf maîtres élus dirigèrent leurs pas,
Reprirent le chemin, partirent tous en groupe
Vers la Jérusalem, escortés de leur troupe.
Et le vingt neuf juillet, ils entrèrent bientôt
Dans la ville céleste, et, devant Salomon,

Conduisirent proscrits Romvel et Gravelot.
Le roi voulu savoir qui d'autre était mêlé
A cet assassinat, ils jurèrent que non,
Qu'ils n'étaient bien que trois, complices du forfait.

- Abiram se trouvait porte de l'orient,
Gravelot occupait la porte d'occident,
Et moi Romvel j'étais, en porte du midi.
Nous ne sommes que trois ensemble responsables
Et tous deux devant toi, sommes les seuls coupables.
Le nom que je portais n'était pas celui-ci
Je me nomme Sterkin, Gravelot lui aussi
A modifié le sien, et de même Abiram.
- Et quel est le vrai nom des assassins d'Hiram ?
- Je m'appelle Obterfut, avoua Gravelot,
Hoben était le nom réel d'Abiram
Car, sitôt terminé notre odieux complot,
Pour pouvoir échapper à ta juste colère
Et pouvoir tous les trois, fuir, hors de tes frontières,
Nous avons convenu de changer nos prénoms.
- Vous serez donc punis ! Répliqua Salomon.

Et, après les avoir fermement sermonnés,
Il ordonna qu'ils soient tous les deux enfermés
Dans le sombre cachot d'une tour appelée
Hezav, afin qu'ils soient, tous deux le lendemain,

Châtiés de leur forfait en étant mis à mort.
Il en fut fait ainsi. Neuf heures du matin
Fut l'heure vengeresse où ils furent liés
Par les pieds aux poteaux, puis on ouvrit leur corps,
Depuis le haut du torse à leurs parties honteuses,
Ce qui les affligea d'une souffrance affreuse
Que justifiait l'horreur de leur crime sanglant.
Les mouches qui rodaient, et d'autres animaux,
Sous l'ardeur du soleil, s'abreuvaient de leur sang,
Et faisaient de leur chair, un immonde délice.
Mais, leurs plaintes enfin, émurent leurs bourreaux,
Qui, pris de compassion, stoppèrent leur supplice.
En leur coupant la tête, ils les mirent à mort
A six heures du soir, puis, jetèrent leurs corps
Hors de Jérusalem. Salomon ordonna
Qu'on ôta du pinacle à l'orient du temple
La tête qui gisait, et puis il décréta,
Pour que de ses sujets, elle serve d'exemple,
Qu'elle soit elle aussi, devant tous exposée,
En dehors de la ville, au bout d'un pieu piquée,
Avec celles des deux autres vils meurtriers,
Dans un ordre précis, au bout de trois piliers.
On les plaça ainsi, dans l'ordre justifié
De la porte du temple où ils s'étaient placés
Pour accomplir leur sombre et ignoble forfait.
En conséquence donc, cet ordre fut choisi :

La tête de Sterkin en porte du midi,
Puis celle d'Obterfut en porte d'occident
Celle d'Hoben enfin à la porte d'orient.
En conséquence donc, Salomon dit ceci :

- Je veux qu'à mes sujets, et à tous les maçons,
Cette vision d'horreur soit un parfait exemple
Du supplice encouru et de la punition
Des traîtres renégats qui ont souillé le temple
Et que tous sachent bien, qu'il n'existe aucun lieu
Qui puisse protéger d'un crime si odieux
Un ouvrier Maçon, indigne de bâtir
Le Temple glorieux qui pourrait devenir
Le mot juste et parfait que tous les Francs-maçons
Seraient dignes un jour d'en prononcer le nom.

Après Hiram

Salomon rassemblant en chambre du milieu
Les maîtres écossais pour parler avec eux
Du dessein qu'il avait de préserver au mieux
Dans un endroit caché, un lieu impénétrable,
La parole sacrée, le verbe innominable,
Leur fit prêter serment d'en garder le secret.
Dès lors il se créa une union véritable,
Une osmose parfaite en la fraternité,
Que les maîtres maçons s'engagèrent entre eux.
La parole gravée au cœur d'un piédestal
De la voûte sacrée du souterrain royal
Fut le sceau qui scella ce pacte glorieux,
Elle fut le fondement, des pierres la première
Qui ouvrit au maçon son chemin de Lumière.

Ainsi, pendant longtemps, l'endroit fut préservé
De toute hégémonie dans le temple achevé,
Protégé par le zèle et l'ardeur des maçons,
Il fut mis à l'abri de la profanation.

C'est quatre cent seize ans plus tard,
                    qu'un drame affreux
Mis en péril la paix et l'ordre de ce lieu.

Nabuchodonosor, le roi de Babylone,
Du temple provoqua l'entière destruction,
Jusqu'à ses fondements et jusqu'à ses colonnes,
Pour ne laisser plus rien, dans sa dévastation,
Pour l'effacer du monde, enfermer sa mémoire
Dans un sol tout meurtri d'une fausse victoire.

Mais c'était négliger le zèle si vaillant
Des parfaits Gabanons, et leur empressement
A rechercher, fouiller, méticuleusement,
Parmi tous les gravas de l'édifice en ruine,
Tout au fond enfoui, le précieux Piédestal,
Celui où fut gravé la parole divine,
La parole de Dieu, le Verbe primordial,
Révélé à Moïse en le buisson ardent.
Ils réussirent donc, par leur acharnement,
Par leur zèle émérite et leur peine infinie
Dans leur juste recherche, à le trouver enfin.
Le corps de Galaad, le fils de Sophonie,
Gisait non loin de là. Cet homme valeureux
Sous la voûte sacrée en était le gardien.
Cet être généreux, Grand Prêtre vertueux,
Aima encor bien mieux se faire ensevelir
Renoncer à la vie, plutôt que de risquer,
Par un lâche abandon, de faire découvrir
Le fabuleux trésor, à sa garde confié.

Comme autrefois Hiram, bien avant ce Grand Prêtre,
Avait choisi aussi d'accepter de mourir
Plutôt que de trahir le mot secret des maîtres,
Galaad sacrifia sa vie sans hésiter.

Les maîtres Gabanons s'affairèrent bien vite,
D'ôter de Galaad, ce grand chef des lévites,
La tiare de sa tête et sa robe de lin,
Les preuves de son rang, dont il était vêtu,
Afin que des Gentils, plus rien ne fut connu.
Ils entreprirent donc d'effacer avec soin
La parole sacrée par un marteau taillant,
Et de s'entretenir, toujours et sans arrêt,
De ce mot si précieux, dans le plus grand secret
Entre eux le vénérer, mais toujours en veillant
A adorer du sens, l'ineffabilité.

Ce mot sera toujours, pour un parfait maçon,
Conservé à l'abri tout au fond de son âme.
Son efficacité permit à Salomon
De taire les outils lors de la construction
Du Temple inachevé par l'architecte Hiram.

Ce mot sera toujours pour un parfait maçon
Gravé à tout jamais au plus profond du cœur
De ceux qui connaîtront sa précieuse valeur,

Ce mot c'est avant tout la parole sacrée
Révélée autrefois dans le buisson ardent
A Moïse ébloui par l'Etre transcendant
Celui que l'on ne peut pas même prononcer
Celui de l'Eternel et de l'Etre incréé.

Emile Littré

En l'an mille huit cent un naissait un humaniste
Mais c'est beaucoup plus tard qu'il choisit une piste
Influant sur sa vie et sur son devenir.
L'homme qu'il a été va se redécouvrir
En une renaissance à son initiation.

Le travail a nourri cet être d'exception,
Il n'est pas seulement l'auteur d'un dictionnaire,
Toute l'œuvre accomplie était plus qu'exemplaire.
Temple de la justice et de la liberté,
Révélant la lumière, un lieu fut éclairé
En recevant maçon, sieur Emile Littré.

Étroite Persévérance

En ouvrant cette voie qui mène à l'unité,
Tout homme est un cherchant qui peut s'améliorer,
Retrouver de son moi son ultime reflet,
Ou de son Soi vers Soi peut-être se trouver.
Il faut que la Lumière intègre son esprit,
Tout en guidant ses pas vers sa route infinie,
Et que de son rayon, sa flamme soit bénie.

Pour comprendre le monde et le sens de la vie,
Et communier vraiment avec l'Etre incréé,
Retrouver de son âme, une autre sanctifié,
Sans jamais dévier de cette voie sacrée,
Eclairé par la Foi, guidé par l'Espérance,
Valorisé toujours par l'humble Charité,
En creusant en lui-même, il pourra s'élever,
Rejoindre l'Eternel par la glorieuse alliance
Avec celui qui est, en lui, et se propage,
N'étant que de son ombre une parfaite image,
Celle qu'il doit chercher comme une délivrance,
Et celle qu'il reçoit par la persévérance.

La Vigno é L'Oulivié

La voie de l'homme libre est la route tracée
A travers ce chemin qui mène à l'unité

Vivant sur cette terre il va se recréer
Il est comme la vigne une souche plantée
Germant vers la Lumière et prête à s'élever
Nourri par l'Espérance il va se purifier
Orienter son esprit vers l'autre Vérité

Exalter de sa Foi amour et Charité

L'Etre qui vit en lui va le multiplier
Ouvrir dans la Sagesse avec Force et Beauté
Une route infinie qui va le transcender
La source qui le guide est un arbre éternel
Il est l'arbre béni de l'homme universel
Vigoureuse Energie de l'Etre immatériel
Il est celui choisi du premier initié
Emblème de la paix du Mont des Oliviers.

L'Eau Vive

La vague qui m'emporte est symbole d'espoir

Et son crépitement en est le réservoir,
A chaque battement, mon cœur se régénère,
Unifiant de mon sang tous les humains sur terre.

Vous qui passez par là, que mon flux vous captive,
Imbibe votre esprit, votre âme et votre foi,
Venez dans mon torrent, venez, rejoignez-moi,
Et inondez d'amour le flot de mon Eau Vive !

Marie de Magdala

Mon horizon soudain s'irradia de Lumière
A l'instant où mon cœur, mon âme toute entière,
Reconnurent Celui qui, descendu sur terre,
Incarna Le Seigneur, le Fils de Notre Père.
Et dés lors mon esprit fut touché par la grâce

Devant Celui qui Est et qui Emplit l'espace
En répandant de Dieu La Parole Sacrée.

Mes larmes et mes pleurs sur Sa Tombe versés,
A l'orée de Sa Vie, ont roulé à Ses Pieds.
Glorifié par l'amour du pardon des péchés,
Devant Son Tombeau vide, Il était pourtant là.
Au loin Il m'apparut, j'ai entendu Sa Voix,
La première j'ai su, quand Jésus Christ vers moi
A murmuré mon nom : Marie de Magdala.

Il est déjà minuit

Il est déjà minuit, l'heure ou les ouvriers,
Par la chaîne d'union, se sont tous reliés.
Ils ont mis leur obole au tronc d'hospitalier,
Sous la loi du silence, ils vont se retirer,
Ils ont l'âge d'aller enfin se reposer.

Ils ont de leur travail gagné leur vrai salaire
Et peuvent de leurs gants maintenant se défaire,
Reprendre leurs métaux, ôter leur tablier,
Se retirer en paix, emporter leurs outils,
C'est la fin du travail en loge d'apprenti.

Ils savent qu'ils devront pourtant continuer
L'œuvre à peine ébauchée à l'intérieur du temple
Et qu'ils devront toujours être un parfait exemple
Du juste franc-maçon, libre et de bonnes mœurs.
La lumière reçu devra les éclairer,
Continuer à briller tout au fond de leur cœur,
Car ils n'ont que trois ans, et leur chemin commence,
Ce seront les derniers à sortir en silence
Mais ils sont de leurs sœurs et frères l'avenir
Et d'un parfait maçon un maître en devenir.

J'ai dit

Joindre à cette parole un geste bien précis
Accentue de l'action un exposé concis
Impliquant du maçon mesure ordre et clarté

De cet instant présent conjugué au passé
Il écrit le futur parcours de sa pensée
Tourne une simple page en affirmant « j'ai dit »

Table